Katja Reider

Finchen, die Zaubermaus

Mit Bildern von Betina Gotzen-Beek

Ravensburger Buchverlag

Bibliografische Information Der Deutschen Bibliothek:

Die Deutsche Bibliothek verzeichnet diese Publikation
in der Deutschen Nationalbibliografie.
Detaillierte bibliografische Daten sind im Internet
über **http://dnb.ddb.de** abrufbar.

3 2 1   05 06 07

Ravensburger Leserabe
© 2005 Ravensburger Buchverlag Otto Maier GmbH
Umschlagbild: Betina Gotzen-Beek
Umschlagkonzeption: Sabine Reddig
Redaktion: Sabine Schuler
Printed in Germany
ISBN 3-473-36086-4

www.ravensburger.de
www.leserabe.de

Inhalt

Finchen wird abgestaubt 4

Endlich Abend! 9

Der Spaß ist vorbei 14

Auf der Flucht 20

Ein Zuhause für Finchen 27

Leserätsel 41

Finchen wird abgestaubt

„Oje, die Putzkolonne kommt!",
seufzt Finchen,
die kleine Plüschmaus.
Sie zieht den Kopf ein
und verdrückt sich
in die hinterste Regalecke.
Zwischen die sprechende Puppe
und den großen Teddy.

Aber es nützt nichts.
Hier in Kunos Kaufhaus wird
nun mal jeden Tag geputzt.
Besonders bei Finchen
in der Spielzeug-Abteilung!
Kinder haben nämlich oft
klebrige Hände.
Erwachsene übrigens auch!

Jetzt steht die Putzfrau
genau vor Finchens Regal.
Eine große Hand
im rosa Gummihandschuh
greift nach Finchen.
Kreuz und quer
fährt der Staubwedel
über ihr Gesicht.

Iiiiihh, wie das kitzelt!
„Hatschi!",
macht Finchen.
Aber die Putzfrau hört
Finchens Niesen nicht.
Wie immer.

Sie zieht einen Lappen
aus ihrem Eimer.
„Oh nein,
nicht auch das noch!",
protestiert Finchen.
Aber da wischt das nasse Tuch
schon über ihr Gesicht.
Sogar Finchens blaue Glasaugen
werden poliert!
Brrrhhh!

Finchen atmet auf:
Es ist überstanden!
Jetzt ist Freddy,
das Kuschelkrokodil,
an der Reihe.
Brav lässt es sich
seine großen Zähne putzen.

Wenn Freddy doch endlich
einmal zubeißen würde …,
denkt Finchen.
Aber was kann man
von einem Kuschelkrokodil
schon erwarten!
Freddy rührt sich nicht.
Kein klitzekleines bisschen.
Und die anderen Tiere
im Regal auch nicht.
Wie immer.

Endlich Abend!

Finchen zappelt
vor Ungeduld.
Ach, wenn es doch
schon Abend wäre …!

Endlich ist das Kaufhaus leer.
Alle Lichter gehen aus.
Finchen holt tief Luft.
Dann springt sie
mit einem Satz
vom Regal herunter
auf ihr grünes Skateboard.

Hui, jetzt geht es los!
Blitzschnell saust Finchen
durch Gänge und Kurven.
Sogar die Treppen
rattert sie hinunter!

Nanu, warum ist es denn
so hell heute?
Finchen schaut sich
verwundert um.
Ach so, der Vollmond ist da!

Rund und käsegelb
leuchtet er durchs Fenster!
Da kriegt Finchen doch gleich
Appetit auf …
Käse! Na klar!
Käse ist nämlich
Finchens Lieblingsspeise.

Also schnell rauf
zu den Lebensmitteln!
Finchen schnuppert eifrig:
Ah, der feine Stinke-Käse
ist wieder da!
Und dazu Himbeersirup!
Finchen mümmelt los.

Halt! Sind heute nicht
neue Betten geliefert worden?
Finchen saust
in die Möbel-Abteilung.
Nichts wie rein in die Kissen!
Hui, wie die Federn fliegen!
Finchen hopst und tobt,
bis sie aus der Puste ist.

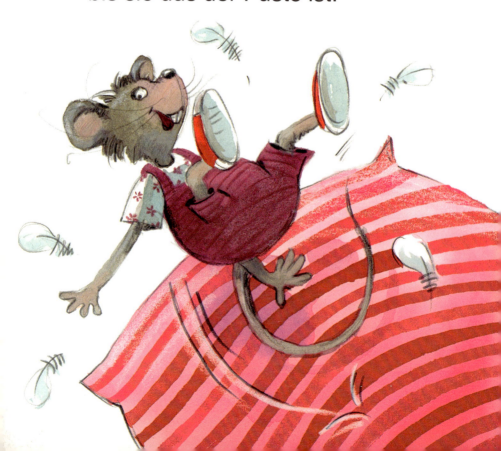

Und wohin jetzt?
Finchen überlegt.
Au ja!
In die Kosmetik-Abteilung!
Da gibt es immer
so viele bunte Malstifte.
Und gut duften will Finchen auch.
Nach all dem Stinke-Käse.

Oje, jetzt hat sie leider
ein Fläschchen umgekippt!
Finchen schnuppert.
Das riecht ja fürchterlich!
Nichts wie weg hier.

Der Spaß ist vorbei

Finchen springt wieder
auf ihr Skateboard
und flitzt zum Fahrstuhl.
Sie will nach oben
in die Modellbahn-Abteilung.

Als sich der Fahrstuhl öffnet,
jubelt Finchen:
Die Modelleisenbahn
ist ja fertig aufgebaut.
Sogar mit einer Dampflokomotive!

Begeistert schwingt sich Finchen
auf die Lok und düst los.
Die Lok wird
schneller und schneller.

Finchen ist schon
ganz schwindelig.
Oh, nein!
Ein Waggon ist entgleist
und in den See geplumpst!
Auweia!

Vorsichtig klettert Finchen
von der Lok herunter.
Sie spielt wohl besser
mit der großen Rennbahn!

Da muss sie nur
bei den Loopings aufpassen,
dass ihr Wagen
nicht aus der Bahn fliegt.
Das kennt Finchen schon.

Sie nimmt sich
eine der Fernbedienungen
und legt los.
Ssssst!
Finchens Rennwagen startet,
dreht Runde um Runde.

Schade,
dass ich keinen Freund habe,
denkt Finchen plötzlich.
Zu zweit könnten wir
ein richtiges Rennen fahren.
Allein macht es
nicht so viel Spaß.
Mit einem Mal gefällt Finchen
das Spielen nicht mehr.
Sie ist müde.
Gähnend fährt sie zurück
und krabbelt in ihr Regal.
Zwischen die sprechende Puppe
und den großen Teddy.
Die beiden haben sich
nicht vom Fleck bewegt.
Das tun sie ja nie!

Warum nur ist hier
keiner so wie ich?,
denkt Finchen noch.
Warum muss ich immer
alleine spielen?
Dann schläft sie ein.

Auf der Flucht

Nanu, wer macht denn da
so einen Lärm?
Mühsam öffnet Finchen
die Augen.

Direkt vor ihr
stehen zwei Verkäuferinnen.
„Schau mal, Helga",
sagt die eine.
„Die Plüschmaus hier
sieht ziemlich zerrupft aus."

Die andere Verkäuferin nickt.
„Sie riecht auch so komisch.
Wir stecken sie besser
in den Schnäppchen-Markt."

Finchen schnappt nach Luft.
Wie bitte?
Was reden die Verkäuferinnen
denn da?
„Ich will hier bleiben!",
schreit Finchen.
„Ich will nicht
auf den Grabbeltisch!"
Aber die Verkäuferinnen
gehen einfach
zum nächsten
Regal.

Finchen schluckt.
Ach, warum hört mich
denn nie jemand?
Ich lasse mich
nicht verramschen!
Ich will nicht
mit billigen Plastik-Gorillas
und alten Monster-Masken
in einer Kiste liegen.
Dann türme ich eben!
Und zwar sofort.

Finchen schaut sich suchend um.
Die Omi dort sieht nett aus.
Oh, sie hat ja
mein Skateboard gekauft!
Egal.
In ihrem Korb ist noch Platz.
Wenn die Omi
an meinem Regal vorbeikommt,
springe ich hinein.

Eins, zwei, drei …
und los!
Finchen springt.
Geschafft.
Jetzt sitzt sie
im Korb der netten Omi.

Hui, wie das schaukelt!
Finchen riskiert einen Blick
über den Rand des Korbs.
Oh, die Omi ist ja schon
am Ausgang!

Aber was gellt denn da
so laut an Finchens Ohr?
Ach ja, das ist der Alarmknopf.
Damit Finchen nicht geklaut wird.
Oje, da kommt auch schon
der Hausdetektiv angerannt!

Arme Omi!
Das gibt Ärger ...
Schnell krabbelt Finchen
aus dem Korb.

Sie plumpst zu Boden,
rappelt sich hoch
und rennt los.
Bloß weg hier!

Ein Zuhause für Finchen

Finchen läuft und läuft.
Endlich bleibt sie stehen
und schaut sich um.
Die Welt hier draußen
sieht ja ganz anders aus
als im Kaufhaus!
Dort gibt es keine Straßen.
Auch keine Büsche und Bäume.

Oh, wie freundlich
das kleine Haus dort aussieht!
Neugierig späht Finchen
durch den Gartenzaun.
Da hängen ja lauter Girlanden!
Sicher wird
ein Geburtstag gefeiert!
Ob es noch etwas
zu essen gibt?

Schon ist Finchen
durch den Zaun geschlüpft.
Sie stößt die Terrassentür auf.
Da steht ja tatsächlich
ein Geburtstagstisch!
Und ein Rest Torte
ist auch noch da.
Ein Sprung –
und Finchen
ist oben.

Aber – oh Schreck!
Da wird Finchen hochgehoben!
Finger drücken sich
tief in ihren Bauch.
Und eine Frau ruft:
„Schau mal, Franzi,
wer hat dir eigentlich
dieses Plüschtier geschenkt?"

Ein kleines Mädchen
kommt angelaufen.
Sie nimmt Finchen vorsichtig
auf den Arm und sagt:
„Keine Ahnung, Mama!
Aber es gefällt mir."

Finchen kuschelt sich
an Franzis Hals.
Wie gut die Kleine riecht!
Ihre Hände sind weich und warm,
kein bisschen klebrig.
Und – na so was –
ihre Augen sind so himmelblau
wie die von Finchen.

„Vielleicht hat ja jemand
die Maus hier vergessen",
ruft Franzis Mama aus dem Flur.
„Soll ich mal rumtelefonieren?"
„NEIN!",
ruft Finchen.
„Ich will hier bleiben!
BITTE!"

Sie schließt die Augen.
Es hat sowieso keinen Sinn.
Niemand hört,
was sie sagt.
Niemand merkt,
dass sie anders ist
als andere Plüschtiere.
Niemand …
„Hast du … etwa gesprochen?",
fragt Franzi plötzlich
und schaut Finchen entgeistert an.
„Hast du … etwa was gehört?",
fragt Finchen ungläubig zurück.

Als Franzi nickt,
flüstert Finchen:
„Ich würde gerne hier bleiben.
Hier, bei dir!
Geht das?"
Franzi lächelt.
„Klar bleibst du!
Du bist doch
eine Art Geburtstagsgeschenk!

Komm, ich zeige dir,
was ich sonst noch
bekommen habe.
Meine Omi hat mir
ein Skateboard geschenkt.
Omi ist die auf dem Foto dort!"
„Oh!", sagt Finchen.
„Deine Omi kenne ich schon!

Und dein Skateboard auch."
„Tatsächlich! Woher denn?",
staunt Franzi.
Finchen kichert.
„Das ist eine lange Geschichte.
Die erzähle ich dir später mal."

„Später?", fragt Franzi.
„Wie lange bleibst du denn?"
Finchen überlegt einen Moment.
„So etwa eine Million Jahre,
einverstanden?"
„Einverstanden!", lacht Franzi.
Und sie reiben
ihre Nasen aneinander.

Katja Reider wurde 1960 geboren. Nach ihrem Studium arbeitete sie mehrere Jahre als Pressesprecherin eines großen Jugendwettbewerbs. Seit der Geburt ihrer beiden Kinder purzeln ihr ständig Geschichten aus dem Ärmel, die sie nur einzusammeln braucht ... So hat sie inzwischen zahlreiche Kinder- und Jugendbücher veröffentlicht, die in viele Sprachen übersetzt wurden. Katja Reider lebt mit ihrer Familie in Hamburg.
www.katjareider.de

Betina Gotzen-Beek zählt derzeit zu den beliebtesten Kinderbuchillustratorinnen. Mit ihren pfiffigen Zeichnungen hat sie schon zahlreichen Erstlesetiteln und Bilderbüchern einen unverwechselbaren Charme verliehen. Seit 1996 ist sie als freiberufliche Illustratorin tätig. Vorher hat sie Grafikdesign studiert und zeitweise auch als Restaurateurin, Floristin, Köchin und Verkäuferin gearbeitet.

Leserätsel
mit dem Leseraben

Super, du hast das ganze Buch geschafft!
Hast du die Geschichte ganz genau gelesen?
Der Leserabe hat sich ein paar spannende
Rätsel für echte Lese-Detektive ausgedacht.
Mal sehen, ob du die Fragen beantworten
kannst. Wenn nicht, lies einfach noch mal
auf den Seiten nach. Wenn du die richtigen
Antwortbuchstaben in die Kästchen auf Seite 42
eingesetzt hast, bekommst du das Lösungswort.

Fragen zur Geschichte

1. Warum verdrückt sich Finchen in die hinterste
   Regalecke? (Seite 4)
   K : Weil die Putzkolonne kommt.
   M: Weil sie nicht verkauft werden möchte.

2. Was macht Finchen am Abend im Kaufhaus?
   (Seite 9/10)
   A : Sie saust auf ihrem Skateboard herum.
   E : Sie trifft sich mit Freddy, dem Kuschel-
       krokodil.

3. Warum fährt Finchen in die Modellbahn-Abteilung? (Seite 15–17)
   U : Sie düst mit der Dampflokomotive herum und spielt mit der großen Rennbahn.
   T : Sie trifft dort einen Freund, mit dem sie spielen kann.

4. Was macht Finchen, damit sie nicht auf dem Grabbeltisch landet? (Seite 23/24)
   L : Sie versteckt sich ganz hinten im Regal.
   H : Sie springt in den Einkaufskorb einer netten Omi.

5. Wohin kommt Finchen, nachdem sie das Kaufhaus verlassen hat? (Seite 28)
   A : Sie kommt zu einem kleinen Haus.
   O : Sie läuft in einen Park.

6. Warum möchte Finchen gern bei Franzi bleiben? (Seite 34/35)
   S : Finchen mag Franzi und Franzi kann hören, was Finchen sagt.
   R : Bei Franzi gibt es immer Käse zu essen.

Lösungswort:

1	2	3	4	5	6
			F		U

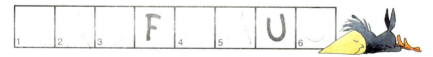

Super, alles richtig gemacht! Jetzt wird es Zeit für die RABENPOST.
Schicke dem LESERABEN einfach eine Karte mit dem richtigen Lösungswort. Oder schreib eine E-Mail.
Wir verlosen jeden Monat 10 Buchpakete unter den Einsendern!

An den LESERABEN
RABENPOST
Postfach 20 07
88190 Ravensburg
Deutschland

leserabe@ravensburger.de
Besuche mich doch mal auf meiner Webseite:
www.leserabe.de

1. Lesestufe für Leseanfänger ab der 1. Klasse

ISBN 3-473-36038-4

ISBN 3-473-36036-8

ISBN 3-473-36014-7

ISBN 3-473-36037-6

2. Lesestufe für Erstleser ab der 2. Klasse

ISBN 3-473-36043-0

ISBN 3-473-36041-4

ISBN 3-473-36039-2

ISBN 3-473-36021-X

3. Lesestufe für Leseprofis ab der 3. Klasse

ISBN 3-473-36054-6

ISBN 3-473-36051-1

ISBN 3-473-36024-4

ISBN 3-473-36052-X

Gute Idee.